Diez reflexiones sobre la paz en Colombia

Diego Gil Parra

Santiago de Cali, Colombia, 2019

Diez reflexiones sobre la paz en Colombia

Diseño de Carátula: Efraín Tangarife Ayala

Editorial: Louis-Michel Aury

ISBN: 9781692364229

Solo un pueblo escéptico

sobre la fiesta de la guerra

y maduro para el conflicto

merece la Paz

Estanislao Zuleta

ÍNDICE

1. La paz como punto de Partida y como punto de Llegada

A la paz no solo se llega, o se puede llegar, sino que de ella es posible partir.

Imponerse la paz como objetivo, como objetivo explícito, supone que se vive, se sobrevive, en su ausencia, en su dolorosa y nefasta ausencia.

Partir, en cambio, de la paz, de la certeza de la paz, de la existencia efectiva de la Paz, es otra cosa, otro matiz, otra situación, otra realidad… Una verdadera fortuna.

Cuando se parte de la paz es porque se posee algo. Y sin duda algo más que simplemente algo. Mucho, en realidad. Contar con la paz es disponer de lo esencial, de lo más valioso. Es como disponer de la tela apropiada para empezar y proseguir la pintura colectivamente deseada, colectivamente merecida.

Si hemos sido capaces de construir la paz en una comunidad, lo merecemos todo. Merecemos más paz, en principio. Y más prosperidad, más alegría, más felicidad colectiva.

Por desgracia (desgracia atribuible a nosotros mismos, a nuestros errores, a nuestros egoísmos, a nuestros impulsos ciegos) no siempre hemos de partir de la paz, sino que (como ocurre en Colombia) debemos situarla como fin, como objetivo, como horizonte.

En nuestro país no hemos logrado construir la paz; no la hemos merecido, al parecer. Lo cual no debería ser motivo ni de desespero ni mucho menos de escepticismo. La paz como objetivo general de una población es en sí mismo un motivo de Bienestar, una razón adicional para querer seguir viviendo, para querer seguir trabajando, para querer seguir estudiando, para querer seguir luchando, para querer seguir vindicando la fe, la esperanza, la ilusión.

2. La paz Laica frente a la paz Sagrada

Existen diversas acepciones de la palabra paz.

Cabría mencionar, en principio, una acepción Laica, a la que se opondría una acepción Sagrada.

La paz como requisito para el trabajo, para la educación, para la recreación, por una parte; y la paz en tanto como comunión con lo trascendente, con la Divinidad, con lo Sagrado.

No necesariamente se oponen una y otra forma de entender y de asumir la Paz; solo que parten de y apuntan a diferentes presupuestos y diferentes horizontes.

Se asemejan en que ambas suponen la ausencia de

la guerra, de la agresividad, de la violencia, y en que ambas propugnan valores como el diálogo, la civilidad, el respeto, la tolerancia, cierta forma de felicidad.

Y se distancian precisamente en los modos en que se asume esa felicidad

3. La paz como Obsesión frente a la paz como Justicia

En el caso de un país como Colombia, se perfilan con claridad dos actitudes contrapuestas en relación con la paz. Una es la actitud del Estado, en representación de la institucionalidad democrática y de lo gremios productivos; y la otra es la de los diversos grupos, partidos y agremiaciones de la llamada Oposición (legal e ilegal, de Izquierda o de Centro Izquierda).

La paz como Orden y mantenimiento del *statuo quo* frente a la paz como Equidad. La paz como Obsesión (por parte del Estado legítimamente constituido) frente a la paz como Justicia (por parte de los sectores disidentes).

¿Cómo llegar a un acuerdo entre estas dos concepciones antagónicas en relación con algo que es objeto común de anhelo, de necesidad, de conveniencia?

Creemos que, fundamentalmente, por tres caminos:

1) La Inteligencia, 2) La Transparencia   y   3) La Diplomacia.

Inteligencia en el sentido de que comprendamos que con la paz no hay perdedores, solo ganadores. En un ambiente de concordia y de institucionalidad, habría espacio (espacio Democrático) para todos los intereses (particulares y gremiales), para todas las ideologías (de Izquierda, de Derecha, de Centro, Religiosas, Independientes…), y es el único modo de que se abra un espacio válido que haga posible la Prosperidad General y la Alegría Colectiva. Vale la pena intentar la paz, así solo sea por simple gesto de inteligencia, inteligencia al servicio de la supervivencia.

Transparencia en tanto sinceridad, en tanto reconocimiento abierto y franco de los propios errores y de los propios excesos, tanto por parte de los sectores legales como de los ilegales de un conflicto que nos ha desangrado y nos ha llevado al borde del desespero, de la destrucción de la infraestructura productiva, de la ausencia de inversión de capitales extranjeros, etc. Transparencia también como disposición a entender el lugar del otro, y como disposición consiguiente al perdón, al indulto, a la ley de "punto final".

Y *Diplomacia* como disposición cívica, como recurso al diálogo respetuoso, como actitud abierta, franca y constante hacia la escucha. Diplomacia, en últimas, como aprovechamiento de mecanismos simbólicos para dirimir las diferencias y sofocar los rencores (personales o de clase). Y para llegar a acuerdos sobre la base de la confrontación civilizada de las ideas, de las ideologías y de los intereses (individuales y corporativos).

Solo con esos requerimientos se justificaría que la paz fuera una Obsesión general de todos, de todas. En beneficio de todos, de todas.

4. La paz nos conviene a todos porque su ausencia nos prime a todos

¿No es hora de que en un país como Colombia pasemos de los *Discursos* en torno de la paz a las *Acciones* a favor de la Concordia, la Institucionalidad, ¿la Convivencia próspera y pacífica?

Vivir en paz no garantiza por sí solo vivir bien, que es de lo que se trata, de lo que debería tratarse. Pero ya es un logro, una ganancia inmensa.

De la zozobra, la sangre y la guerra no queda más que un saldo negativo: más zozobra, más sangre, más guerra. Más pérdida colectiva, más angustia, más tristeza.

La ausencia de paz (que es correlativa de la ausencia de Civilidad y de Cultura) nos hace ingrata la vida a todos: a los ricos y a los pobres, a quienes detentan el Poder y a quienes carecen de él (y también, claro, a aquellos a quienes no les interesa, pero que igual resultan afectados en un contexto beligerante).

La ausencia de paz nos perjudica a todos porque se traduce en malestar general, en resentimiento general, en infelicidad general.

La paz nos conviene a todos porque su ausencia nos oprime a todos. Y nos oprime por la vía de negarnos el Sagrado derecho común a la Esperanza.

5. La Arrogancia como el peor enemigo de la paz

Entre otras muchas cosas, en Colombia necesitamos *negociar* la paz.

Pero para negociar se requiere el concurso de varias circunstancias favorecedoras. Una de ellas, naturalmente, es estar dispuesto a hacerlo: tener voluntad, *voluntad de negociación*; otra, que se definan unos intereses comunes; y, por último, que se disponga un ambiente apropiado para entablar el diálogo.

Voluntad, *Intereses* más o menos claros y *Ambiente propicio*. Sin estos requisitos, no hay posibilidad de negociar, de pactar, de concertar y de legitimar acuerdos.

Ahora bien, la voluntad presupone el reconocimiento de la legitimidad del probable interlocutor; presupone admitir unas razones (que desde luego no se comparten, pero que se reconocen); presupone que se está dispuesto a *escuchar* al otro, lo cual equivale a decir que se está dispuesto a respetarlo; y presupone, sobre todo, que se pondera más el acuerdo que el conflicto; que se tiene como más deseable la concordia que la pugna, el cese del fuego que la guerra, la paz que el enfrentamiento armado.

De la voluntad honesta por resolver el conflicto depende lo demás: el reconocimiento de objetivos comunes respecto de los que se discrepa, y la definición de escenarios apropiados de negociación civilizada.

El conflicto armado colombiano (que es expresión de un conflicto social profundo) no ha sido resuelto en buena medida por la ausencia de esa voluntad, tanto por parte del Estado como por parte de la Insurgencia. Ha habido demasiada Arrogancia, demasiada ceguera alrededor de los propios puntos de vista y de los propios intereses. En esas condiciones resulta muy difícil avanzar.

Y es que detrás del conflicto armado colombiano se juegan muchos intereses. Se juega la posibilidad de un verdadera Reforma Agraria, de una auténtica Reforma Política, de una sana Reforma Tributaria, de una urgente Reforma Urbana. Y se juega también la posibilidad de una Reforma Electoral, una Reforma al Sistema de Salud, una Reforma en el manejo del Medio Ambiente, una Reforma de fondo a los Sistemas de prestación de los Servicios Públicos, una Reforma Judicial, una Reforma Pensional...

Un Proceso de Paz no puede consistir en la petición de sometimiento incondicional de los grupos armados ilegales. Debería ir acompañado de un Pliego de temas de interés nacional. Debería ir acompañado, también, de la intervención activa del resto de los estamentos sociales: la Iglesia (no solo la católica sino las protestantes o de otros credos), los Intelectuales, las Agremiaciones empresariales, los Sindicatos de trabajadores, los Estudiantes, los Movimientos feministas, las Organizaciones no Gubernamentales (ONGs), los Medios de Comunicación, las Organizaciones étnicas, los

Campesinos desplazados, las Agremiaciones de artistas… Toda la llamada Sociedad Civil.

Un Proceso de Paz que se limite a lo estrictamente militar y logístico, es decir, a determinar las condiciones de la dejación y entrega unilateral de armas, no es un Proceso de Paz; es un acto formal de Desmovilización. O de Claudicación, según se lo mire.

Una sociedad ideal, creemos, no es necesariamente una sociedad en Paz. Una sociedad ideal es una sociedad sin Frustraciones. La Paz no es la simple ausencia de guerra.

La paz es Distribución lo más equitativa posible de la Riqueza generada por el Capital Estatal, por el Capital Privado Nacional y por el Capital Privado

Internacional (es decir, el de Compañías Multinacionales con asiento en el país).

La paz es generación de posibilidades Reales (no solo formales y constitucionales) al Sistema General de Salud.

La paz es garantía efectiva de acceso equitativo a la Educación, en el nivel Primario, en el Secundario, en el Técnico, en el Universitario (formal y no formal).

La paz es eliminación de los Privilegios salariales excesivos (tanto en el sector público como en el privado).

La paz es Masificación del Crédito bancario, a bajos intereses, para la población económicamente más vulnerable.

La paz es garantía jurídica efectiva para el libre ejercicio de la actividad sindical: para la Huelga y las diversas formas populares de Inconformidad y de Resistencia.

La paz es control más eficaz sobre los Medios de Comunicación Privados.

La paz supone un compromiso, a la vez franco y valiente, con la Verdad.

La paz es esclarecimiento de la Verdad en relación con la comisión de delitos como masacres, retenciones forzosas, ajusticiamientos extrajuicio, torturas, etc.

La paz es esclarecimiento de la Verdad en relación con los actos de apropiación ilegal de bienes muebles e inmuebles: vehículos (terrestres, aéreos, marítimos), lotes, casas, apartamentos, edificios, fincas, haciendas, etc.

La paz es esclarecimiento de la Verdad en relación

con vínculos comprometedores de servidores públicos (en cualquiera de sus ramas: ejecutiva, legislativa, judicial, de control) con agrupaciones ilegales, y/o con acciones delictivas.

La paz es esclarecimiento de la Verdad en relación con comportamientos dolosos en los Procesos Electorales: en el nivel Local, Regional y Nacional.

La paz es esclarecimiento de la Verdad en relación con la participación de la Empresa Privada (nacional e internacional) en actividades como la promoción de grupos de Autodefensa o en la eliminación de activistas y líderes populares, así como en la financiación de atentados o de crímenes contra autoridades municipales, departamentales o nacionales.

La Paz es esclarecimiento de la Verdad en relación

con la Responsabilidad de los servidores públicos en el otorgamiento de Contratos indebidos y/o perjudiciales para el Erario.

La paz es esclarecimiento de la Verdad en relación con la participación de organizaciones armadas al margen de la ley en el manejo de recursos destinados a la Salud o a la Educación en diversas regiones del territorio nacional.

La paz es esclarecimiento de la Verdad en relación con la presencia de dineros de dudosa procedencia como parte de los Activos de muchas Empresas Privadas legales.

Un Proceso de Paz, un serio Proceso de Paz –como nunca se ha hecho en este país– supone una Agenda por discutir. Una Agenda en la que se consigne con claridad el conjunto de las peticiones tanto de la

Insurgencia como del Estado. Una Agenda que debe ser discutida en su totalidad (y de cara a la Ciudadanía, es decir, no de modo secreto) antes de la firma final del Armisticio.

Si no es en esos términos, no se está hablando de Proceso de Paz; se está hablando de Rendición incondicional del otro y de frustración general de las grandes aspiraciones nacionales.

6. ¿Construir la paz o reconstruir un país?

Necesitamos construir un escenario firme y equitativo de concordia, de civismo, de paz. Ello como único medio para reconstruir un país que entre todos (de uno u otro modo) nos hemos encargado de empobrecer, de desangrar, de hacer invivible.

Construir para *Reconstruir.* Construir la paz para reconstruir un Contrato Social más justo. Construir la paz para hacer viable la institucionalidad y para hacer posible la riqueza colectiva, la cultura, el sano esparcimiento, la igualdad de opciones, el ordenamiento jurídico; para hacer viable la esperanza, la prosperidad, la alegría común.

Todo lo cual puede sonar o muy cursi o muy bonito en el papel. O muy difícil, o francamente imposible. Ni lo uno ni lo otro, si nos anima un empeño sincero, y si estamos en condiciones de aportar nuestro esfuerzo.

La paz (y con ella la Prosperidad para todos) no es algo de lo que deban encargarse instituciones abstractas; es una responsabilidad de todos nosotros, de los individuos concretos. Desde nuestras posibilidades y nuestras limitaciones, desde nuestros saberes y nuestras ignorancias, desde nuestras convicciones y nuestros descreimientos.

La paz no necesita tanto de Predicadores como de Gestores activos; requiere menos de Retórica como de Actos concretos. Y es algo que concierne al político profesional, al periodista, al sacerdote, al abogado, al indígena, al estudiante, al profesor, al artista, al obrero, al pequeño empresario, al gran empresario, al banquero, a la ama de casa, al policía, al soldado, al desplazado, a la secretaria, al médico, al odontólogo, al publicista, al ingeniero, al economista, al intelectual, al niño, al joven, al lustrabotas, al taxista, al mensajero, al guarda de tránsito… A todos.

La paz debería ser una Empresa común; ya la guerra nos enseñó lo que es una Bancarrota común.

Colombia es un país económicamente muy rico, y culturalmente más rico todavía. Estamos llenos de riquezas y colmados de talento, de inteligencia, de recursividad creadora. Y urgido de concordia, de cultura, de simbolicidad.

No es fácil construir la paz en ninguna parte, pero en Colombia el asunto resulta más difícil aún por el hecho elemental de que *nunca la ha habido.* Los colombianos no hemos sabido hasta ahora lo que es vivir en paz en nuestra propia Patria. Desde la Independencia económico-política, hace ya casi dos siglos, Colombia prácticamente no ha tenido un período de paz que se prolongue más allá de uno o a lo sumo dos lustros. Solo conocemos la realidad de la guerra, el paisaje de la guerra, los costos de la guerra. A lo cual nos acostumbramos tanto que hemos llegado al límite de la insensibilidad extrema frente a la destrucción, al sufrimiento, a la sangre, a la masacre, al tiroteo, a la bomba, a la muerte. Esa indiferencia es perfectamente explicable, de modo que no debería inducirnos a la culpa. ¿Cómo no va a acostumbrarse al horror de la guerra un país que solo ha conocido el horror de la guerra?

Pero la guerra, esta guerra fratricida, está a punto de acabar con lo poco que queda. Empezó por acabar con nuestra tranquilidad, luego casi acaba con la infraestructura física y hace rato acabó con nuestra paciencia.

De nosotros los ciudadanos (de todas las extracciones sociales y de todas las tendencias ideológicas o religiosas) depende evitar que la guerra lo destruya todo. De nosotros depende construir la paz.

La guerra definitivamente no es un camino inteligente ni es un camino recto. No es un camino vindicable desde ningún punto de vista. Únicamente la paz (una paz en el marco de una verdadera Justicia Social, de cara a la Verdad) merece todos los esfuerzos, justifica todos los sacrificios y compromete todas las Esperanzas.

7. Que viva la paz, pero con los ojos abiertos

Creemos que la paz es más importante que todos los intereses partidistas y que todos los intereses gremiales. La paz como Negociación Diplomática. Como Perdón, como Amnistía General. Como Seriedad Política, en últimas.

No vale la pena tenerle miedo a la paz; de hecho, en Colombia al parecer no le hemos tenido miedo a la guerra, a la barbarie.

¿Quién tiene la razón en medio de este caos: ¿la Insurgencia o el Estado?, ¿los Sindicatos obreros o los Gremios productivos?, ¿la Izquierda o la Derecha? Todos, a su manera; y ninguno, de algún modo.

Y sería necesario, por supuesto, *Negociar* sobre la base de *Perdonar*, de *Indultar*.

No hay que tenerle miedo a la paz; hay que ponderarla por encima de todos los intereses y de todas las dificultades. Hay que desarmar, no solo a los grupos ilegales, al narcotráfico, a las pandillas juveniles, a la delincuencia organizada; hay, sobre todo, que intentar *desarmar los espíritus*.

Nunca ponderaremos suficientemente los beneficios (económicos, políticos e incluso *terapéuticos*) de la paz, de una *cultura permanente de la Paz*.

Como alguna vez dijera nuestro Premio Nobel de Literatura, Gabriel García Márquez:

"Que viva la paz, pero con los ojos abiertos".

8. La paz como la más lucrativa de las inversiones

Vale la pena la paz desde todos los puntos de vista. Desde el punto de vista *espiritual*; desde el punto de vista *psicológico*; desde el punto de vista *económico*.

Pero se requiere de más *carácter* para hacer la paz que para hacer la guerra. Carácter unido a Buena Voluntad, y Buena Voluntad unida a cierto grado de Benevolencia.

Los esfuerzos por alcanzar la paz no constituyen un *gasto*; representan, por el contrario, una *inversión*.

La paz nos *conviene* a todos y nos *concierne* a todos. No solo a los políticos y a los actores concretos del conflicto armado. La paz debería ser un Proyecto Nacional. El más *urgente*, el más *aliviante* y, sobre todo, el más *lucrativo*.

En las condiciones actuales de Colombia, una *lucha conjunta* y *entusiasta* en favor de la Paz es la *única* lucha *válida*. Y la más *valiosa*.

9. Los costos y las ganancias en la lucha por la paz

Dice Estanislao Zuleta que *"Solo un pueblo escéptico sobre la fiesta de la guerra, y maduro para el conflicto, merece la paz"*.

La paz, pues, no solo hay que pedirla o sugerirla; hay que *merecerla*.

Acabar con un conflicto es infinitamente más difícil que desencadenarlo. Declarar un armisticio es más arduo que declarar una guerra.

Desde esa óptica, valdría la pena que diéramos una rápida revisión a las características de la guerra que se vive en Colombia desde mediados del siglo pasado; desde 1946, cuando inició el período de la Violencia (con "V" mayúscula).

Las causas de esta Guerra Civil son numerosas, y no vamos a recordarlas. Solo vamos a poner el acento en dos hechos: uno, su *barbarie* (el balance macabro de tantas masacres, tantas torturas, tanto horror, tanta sevicia); y dos, su *sentido*, su justificación, su razón de ser.

Esta guerra civil colombiana comenzó siendo de rencillas partidistas, se transformó luego en enfrentamientos gamonalistas (con su cuota de bandolerismo), pasó después a hacer parte de las luchas proletarias internacionales, para terminar hoy en una sumatoria de todo ello junto con la incidencia de un nuevo factor: los ejércitos privados del Narcotráfico.

Respecto de la *barbarie*, no cabe ninguna duda: las cifras hablan por sí solas, y las descripciones no pueden ser más escalofriantes en lo que a horror se refiere: por parte de todos los bandos, legales e ilegales. El gran saldo de este enfrentamiento fratricida es el de haber constituido una de las más grandes violaciones a los Derechos Humanos a escala planetaria.

Y respecto del *sentido,* se trata de una guerra cada vez más absurda, más carente de toda justificación política. No solo porque no figuran ya los escenarios internacionales de antes (la Guerra Fría y sus tentáculos), sino porque las acciones bélicas (tanto de la insurgencia como del paramilitarismo) no disponen de un respaldo ideológico convincente. Es una guerra, no diremos *sin sentido*, sino con el *sentido extraviado*. Una guerra en nombre de la *posesión territorial*, y que ha terminado siendo no contra el Estado ni contra el Sistema, sino contra el país, contra todos.

Pero que se mantiene tanto por fuerza de la inercia como por el flujo de los recursos de financiación, de narco-financiación. Pero en especial se mantiene dado los atractivos ancestrales de la guerra, la cual, más allá de que sea el recurso a la violencia para dirimir las diferencias, es también una *"fiesta"*, un *"negocio"* y un *"estilo de vida"*.

La Paz en Colombia, por lo tanto, solo será posible cuando se logre ofrecer a los excombatientes una *mejor fiesta*, un *mejor negocio* y –sobre todo- un *mejor estilo de vida*.

Y, claro, cuando el resto de la población disponga de las mínimas garantías materiales, políticas, culturales, etc.

Pero lo urgente, y también lo más viable en el tiempo, es *acabar con la guerra*, declarar un cese total de hostilidades y de acciones bélicas. Lo que solo será posible si los grupos guerrilleros y de Autodefensas comprendan lo inminente que es terminar de una vez con este horror que a nadie beneficia y que a todos perjudica.

No necesariamente para claudicar en una *lucha de reivindicación popular*, en el caso de las guerrillas, sino para imprimirla *eficacia política* desde la conformación, organización y proyección de uno o varios *Partidos Políticos legales*. O desde la adhesión estratégica a alguno(s) de los ya existentes.

Y en el caso de las Autodefensas, igual. O al menos la aspiración a una forma de vida y de trabajo dentro de los marcos de la *civilidad*, de la *no-violencia*.

Requerimos de una paz concebida como Negociación Diplomática inteligente con el Estado, y ante la presencia faciitadora y garante de los Organismos Internacionales. Y Una paz con un ACUERDO HUMANITARIO previo, mediante el cual se garantice la libertad a todos los rehenes, a todos los secuestrados (sin excepción) y a todos los presos políticos (o al menos a una buena parte de ellos).

Colombia necesita la paz con urgencia, pero todo parece indicar que no la merece todavía. Al parecer, no hemos hecho aún lo suficiente para *merecerla*.

¿Y cómo vamos a disfrutar de algo que no nos hemos merecido?

# 10.	El camino de la paz en Colombia: entre la Impunidad y el Indulto

Dice un Diccionario de la lengua castellana:

IMPUNIDAD. f. *Falta de castigo.*

IMPUNE. Adj. *Sin castigo.* Ej. *"crimen impune".*

Y respecto de CASTIGO dice:

"Pena impuesto por delito o falta. Ej. *"castigo ejemplar". // Penitencia. // Pena. // Condena. // Expiación. // Sanción. // Herida que se inflige a otro."*

porque se repudia en grado sumo la comisión de DELITOS. Esto es del orden de lo obvio, del "sentido común".

El hecho es que hay un acto que puede emparentarse con el de IMPUNIDAD, y es el de PERDÓN. Que puede expresarse con otros varios nombres: INDULTO, AMNISTÍA, etc. Pero IMPUNIDAD e INDULTO no son lo mismo. No son palabras sinónimas, no son actos equivalentes. Es decir, que bien podría hacerse un INDULTO sin incurrir necesariamente en IMPUNIDAD. Al menos en contextos sociales, políticos y jurídicos específicos.

Miremos cómo podrían funcionar estos conceptos en el caso de situación colombiana, y en el marco de la discusión actual sobre los Procesos de Paz: tanto los que están en curso como los que se proyectan hacia el futuro: en curso, los que se adelantan con las Autodefensas, y en proyecto los que se planean con las guerrillas.

Si la obligación de un Estado de Derecho y de las Instituciones que lo sustentan es hacer Justicia, aplicar la Ley, etc., es claro que la polémica en torno a lo que es DELITO, lo que es CASTIGO, por una parte, y lo que es PERDÓN o INDULTO, por la otra, ha de pasar a un primer plano.

Nótese que tanto quienes piden (o exigen) el CASTIGO como quienes reclaman (o exigen) el INDULTO, lo hacen en apelación a la JUSTICIA. Es en nombre de ese valor supremo que se apela a una fórmula o a otra.   ¿Es JUSTO que un delincuente, un contraventor, un criminal, sea PERDONADO, INDULTADO, o bien lo verdaderamente JUSTO sería que se le CASTIGASE, ¿que se hiciese caer sobre él "todo el peso de la Ley"?

Valdrá la pena observar que, así como las sociedades definen Acuerdos, Pactos, Normas, Reglas, Leyes, también estipulan la posibilidad de que se abra un espacio para situaciones de excepción. Es decir, que las Leyes (jurídicas, en este caso) no son de aplicación absoluta; podrían, en casos específicos, admitir excepciones. Es eso lo que implica un INDULTO: una EXCEPCIÓN a la Ley, a la convención jurídica. Una excepción que, por lo demás, y no solo en nuestro medio, posee antecedentes: pueden mencionarse situaciones en el pasado en las que se han aplicado INDULTOS (tanto en el nivel INDIVIDUAL como en el COLECTIVO).

Un Proceso de Paz es un acto COLECTIVO de Justicia que obviamente tiene repercusiones INDIVIDUALES, pues en últimas quienes debe ir a prisión o pagar una indemnización no es "las agrupaciones ilegal X ó Y", sino CADA UNO de sus integrantes (o al menos quienes hayan resultado sancionados). Puede que los efectos de un Castigo recaigan sobre una COLECTIVIDAD, pero lo cierto, lo real, es que la pena deberá ser cumplida por cada persona, por cada individuo. El Castigo supone una Pérdida (de Libertad, por ejemplo), mientras que el Indulto implica una Ganancia (de Libertad, por ejemplo).

En Colombia, a propósito de los llamados Delitos Políticos, ha habido CASTIGOS (bajo la forma de encarcelamientos, indemnizaciones, fianzas, etc.) y se han decretado INDULTOS. En un pasado, incluso, no demasiado lejano. Ocurrió respecto del Proceso de Paz adelantado con el M-19 durante la administración del presidente Virgilio Barco Vargas, hace apenas unos cuantos años. Los contextos eran otros desde luego: otras las Organizaciones implicadas, otras sus fundamentos ideológicos, otro el Gobierno de turno y otra la gravedad de los delitos. Pero, aun así, constituye un antecedente.

Hoy a muchos sectores, tanto de Izquierda como de Derecha (si es que tal distinción dice algo en la actualidad) les escandaliza, les horroriza, la posibilidad de que bajo el recurso a un INDULTO se vaya a incurrir en IMPUNIDAD, y, por consiguiente, se vaya a "burlar la JUSTICIA", a "desconocer la JUSTICIA", con todo lo que tal proceder implicaría: por ejemplo, que queden "abiertas las puertas" a la repetición de los delitos (a la reincidencia) porque los infractores podrían estar seguros de que de nuevo serían exonerados, indultados, perdonados; o que las VÍCTIMAS queden decepcionadas con las Instituciones judiciales de su país o vayan a quedar de nuevo a merced de los criminales que podrían volver a lesionarlas (en su integridad física, moral o patrimonial). No sería JUSTO, por tanto, INDULTAR; no sería JUSTO evitar que los delincuentes vayan a la CÁRCEL o que paguen INDEMNIZACIÓN.

Un verdadero dilema. Un dilema que incumbe tanto a lo propiamente jurídico (las normas convenidas, las leyes, los códigos…) como a lo ético.

En nuestra opinión, la alternativa más aconsejable en el caso colombiano es la del INDULTO. INDULTO acompañado de REPARACIÓN (no solo a las víctimas concretas, sino a la Nación en su conjunto).

REPARACIÓN que, a su vez, supone la DEVOLUCIÓN de propiedades adquiridas dolosamente, una declaración pública de ARREPENTIMIENTO SINCERO y de voluntad expresa de NO REINCIDIR.

Un INDULTO GENERAL, además. Es decir, que sea aplicable por igual tanto a las Autodefensas como a las Guerrillas, independientemente de que sus móviles políticos e ideológicos sean distintos e incluso opuestos. INDULTO GENERAL acompañado de REPOSICIÓN, de DEVOLUCIÓN TOTAL (no PARCIAL) de BIENES MATERIALES (vehículos, tierras, cuentas bancarias, etc.), mediante supervisión fiscal exhaustiva, que incluiría seguimiento permanente a las futuras transacciones financieras de los desmovilizados. BIENES que pasarían a la propiedad de las víctimas que certifiquen su condición de tales y a las Arcas del Estado, con destinación a Programas sociales específicos (construcción de viviendas, de vías de comunicación, créditos blandos a agricultores, seguridad social a la población desplazada, y en general a los sectores sociales económicamente vulnerables, etc.).

¿Exceso de generosidad? ¿Exceso de indulgencia?, ¿exceso de compasión?, ¿exceso de relajamiento?, ¿exceso de sentimentalismo?, ¿exceso de debilidad?, ¿exceso de desconocimiento jurídico? O bien, ¿falta de sentido de la Justicia?, ¿falta de patriotismo?, ¿falta de compasión para con las víctimas?

Tal vez una cosa, tal vez la otra. Yo diría, simplemente, VALORACIÓN EXCESIVA DE LO QUE SIGNIFICA VIVIR EN PAZ.

Sin que ello suponga insinuar que algunas de las Organizaciones Políticas de Izquierda, que explícitamente se oponen a la "Ley de Punto Final", de INDULTO GENERAL, estén obsesionadas por el espíritu de Venganza, de Retaliación. O que el resto de Partidos Políticos o de personajes públicos o de ciudadanos del común que también se oponen a priori al INDULTO lo hagan animados por intereses oscuros o por motivos de prurito legalista-moralista, o por otro "inconfesable" motivo. O que los mismos Organismos Institucionales encargados constitucionalmente de la aplicación de Justicia (Juzgados Civiles, Juzgados Penales, Fiscalía, Procuraduría, Contraloría, Corte Suprema de Justicia, etc.) permanezcan ciegos en su obsesión por la aplicación literal de los códigos.

Y sin que pretenda creer tampoco que los Medios Masivos de Difusión funcionan como un "reflejo acrítico" de los intereses gremiales de los dueños de esos Medios, o que no dispongan de autonomía reflexiva. Y sin que pretenda insinuar, por último, que el resto de los voceros de la Sociedad Civil que se oponen a la "Ley de punto final" o INDULTO, lo hacen o por desconocimiento jurídico o por cualquiera de las razones enumeradas antes. No. Nuestra opinión a favor del INDULTO GENERAL con reposición escrupulosamente vigilada de los bienes materiales, y declaración pública formal de perdón a la sociedad, la emitimos por un solo motivo, el ya mencionado: la valoración excesiva de la Paz en sí misma, único camino que permitiría el sueño colectivo de vivir en una sociedad pluralista y democrática dentro de un marco jurídico que garantice la convivencia, la productividad económica, el desarrollo de la cultura y el ejercicio las libertades tanto individuales como públicas. Creemos, en fin, y para decirlo con otras palabras, que en este caso EL FIN JUSTIFICA LOS MEDIOS. Si el FIN es el desarme, la pacificación, no resulta demasiado alto el precio. El precio del PERDÓN, del INDULTO.

Dicho de otro modo: es más ponderable, más recomendable, más aconsejable la paz en sí misma que el acato estricto de la juridicidad. Lo cual no supone necesariamente incurrir en una "Inestabilidad jurídica" o algo por el estilo. La estructura del Aparato Judicial no va a derrumbarse con la aprobación de un INDULTO GENRAL. Al contrario, podría fortalecerse, revitalizarse.

El celo excesivo por la aplicación de las normas y las sanciones en una situación histórica concreta como la actual, podría traer como consecuencia que los colombianos debamos esperar otros 50 ó 100 años para poder al fin vivir en una sociedad, no digamos ideal, pero sí al menos sin el lastre y los costos (materiales, psicológicos y morales) que significa una guerra civil.

El Fin justifica los Medios en esta circunstancia particular. El costo no es muy alto si se compara con lo que se obtendría. Sería un negocio muy sencillo y muy rentable para todos: Ganarnos la paz a cambio de no Perder mucho: apenas la anulación de unos prontuarios delictivos.

La AMINISTÍA es, en nuestra opinión muy personal, la verdadera y más adecuada salida si es que en realidad anhelamos la Paz. Una AMINISTÍA con

REPOSICIÓN a las VÍCTIMAS y con solicitud pública de PERDÓN, acompañada de declaración de no REICIDENCIA.

Otro asunto es lo que especifiquen las organizaciones judiciales de carácter Internacional: la Corte Penal Internacional, por ejemplo. Pero esas instituciones internacionales ni son organismos obligatorios de última Instancia ni –esto en especial- viven el día a día de la violencia, de la guerra. Para esas Cortes, lo mismo que para el resto de la Comunidad Internacional, la violencia colombiana no pasa de ser un dato sociológico más, una realidad que pueden contemplar a través de la televisión o verificar en las Estadísticas; no esta vivencia cotidiana que desde hace años debemos sufrir a diario más de 40 millones de personas.

Datos biográficos del autor

Diego Gil Parra nació en Marsella, Risaralda, Colombia, en 1967, y desde 1979 reside en Santiago de Cali. Es licenciado en Literatura de la Universidad del Valle (1990), y realizó estudios de lengua y literatura españolas en el Instituto de Cooperación Iberoamericana, Madrid, España (1995).

Se ha desempeñado como profesor de Literatura y de Humanidades en varios colegios y universidades de la ciudad. Asimismo, ha sido cofundador y participante de diversos talleres literarios: *Xeherezada*, El *mosquito*, *Botella y luna*, *Los bardos de las escalinatas*.

Ha colaborado en revistas literarias de circulación regional, nacional e internacional, y tiene cuatro libros publicados: *Aforismos* (editorial Sembrar cultura, 2004), *El homo litterarius* (editorial Botella y luna, 2004), *Elogio de la felicidad* (Windmills Editions, 2014) y *Hacia una Escuela Dulce* (editorial Sembrar cultura, 2017); y del cual es coautor: *Yo hablo, tú escuchas, ella lee, nosotros escribimos: Una pedagogía compartida* (Editorial Universidad del Valle, 2007). Hay escritos otros volúmenes sin editar: de poesía, cuento, aforismo y ensayo filosófico, fundamentalmente.

Premios y distinciones literarias obtenidos: Primer lugar en el concurso de cuento de la revista "El Águila", colegio de Santa Librada, Cali, 1985; Primer lugar Concurso universitario de cuento Roberto Rubiano, Cali, Universidad del Valle, 1991; Mención especial Premio Jorge Isaacs, modalidad ensayo, Cali, Gobernación del Valle, 1998; Accésit IV Certamen internacional de relato hiperbreve de Talarrubias, España, abril de 2010;   Primer lugar VI Concurso literario bonaventuriano Poesía y Cuento, modalidad cuento, Cali, Universidad San Buenaventura, mayo de 2010.

Actualmente, se desempeña en Cali como corrector de estilo, como secretario general de la Fundación *Cali sin hambre* y como director editorial de la Fundación *Prometeo Producciones*.

www.ingramcontent.com/pod-product-compliance
Lightning Source LLC
Chambersburg PA
CBHW051415250726
48655CB00003B/1060